AF283904

04

CROMOS

LOCURA Y
SENTIMIENTO

$\bowtie$ altamarea

Primera edición en esta colección: abril de 2026
Título original: *Higuita. Locura e sentimento*

© Claudio Metallo, 2024
Garrincha Edizioni è un marchio di
© Marotta&Cafiero editori srl presso «La Scugnizzeria»
Via Circum.ne Esterna 20/A 80017 - Melito di Napoli
garrincha@marottaecafiero.it
© de la presente edición: Altamarea Edición de Libros SL
altamarea.es
altamarea@altamarea.es

Diseño de la colección: Sara Maroto Hebrero y Olatz del Arco

ISBN: 978-84-10435-97-1
DL: M-6805-2026

Impreso en España por Estugraf en marzo de 2026

CLAUDIO
METALLO

Higuita

LOCURA Y SENTIMIENTO

Traducción de
Gabriel Delgado González

Claudio Metallo (Campora San Giovanni, 1981) es documentalista y escritor. Ha publicado los libros *Come una foglia al vento. Cocaine Bugs* (2014), *Vangelo di malavita* (2017), *Tutti sono un numero* (2019) y *Comandare è meglio che fottere* (2021).

Agradezco mucho la ayuda a Marco Abbro y Francesca Santamaria. Y a mi sobrino Mattia, enorme aficionado al fútbol.

Prólogo

¡Lo hago! Es lo que pensé en cuanto vi volar el balón. Se veía que no era ni un tiro ni un centro. O quizás el inglés quería hacerse el listillo y dejarme en ridículo delante de las cámaras. No ha nacido aún el europeo que engañe a uno del barrio Castilla. El muchachito se quedó con su rebanada de pudin en la mano y yo no le serví ningún té a las cinco. Aquel partido era un amistoso insignificante, sobre todo para mí. Pero nadie recordaría aquel partido si no hubiera hecho lo que hice. Y también le regalé un puesto en la historia a aquel chico con cara de coro de iglesia. Los ingleses se inventaron el *fair play* solo para no respetarlo, e incluso se inventaron al árbitro, vaya cosas. Es cierto que ellos crearon el fútbol, sí, pero en Sudamérica se convirtió en el deporte que amamos. Admito que tal vez debamos dar las gracias también a algunos italianos y a algunos españoles, pero fue en nuestra tierra donde se transformó en eso que nos hace enloquecer, gritar y llorar. Por ello siempre busqué hacer jugadas vistosas. Me gustaba inventarme cualquier cosa que sorprendiera al público. Si no lo hacía, era como si no hubiera saltado al campo. Todos me apodaban «El Loco», pero en Sudamérica debe de haber cientos de futbolistas y entrenadores a los que llaman así. Basta con que hagas algo vagamente exagerado y al momento pasas a ser un loco a los ojos del mundo.

Por lo general, la gente paga la entrada al estadio para ver a los grandes delanteros o centrocampistas; es difícil que lo hagan por un portero. Pero por mí lo hacían. Por eso, aquella tarde del 6 de septiembre de 1995, en Wembley, pensé: «Lo he probado muchas veces, lo sueño desde hace tiempo. ¡Al diablo! ¡Lo hago!».

Uno

Si eres un futbolista famoso en Sudamérica en el primer cuarto de los años 2000, son muchas las cosas que pueden desestabilizarte, como que de repente te lleven a Europa y te veas cubierto con tanto dinero como nadie de tu familia había visto antes. En la Colombia de los ochenta y noventa la vida de un jugador podía ser muy complicada. Y más si, aparte de ser una celebridad, te consideraban un héroe nacional. Todos te buscan, y cuando digo «todos» me refiero a narcos, políticos infames, aficionados y, obviamente, también muchas mujeres. Por supuesto, al Pibe Valderrama, a Faustino Asprilla o a Freddy Rincón no les pasó lo que le ocurrió al portero más conocido del fútbol mundial, por lo menos en aquella época. Tampoco les había pasado a las viejas leyendas del fútbol cafetero, como Efraín Sánchez o Francisco Zuluaga. Es cierto que había alguien a quien le iba a ir mucho peor, Andrés Escobar. En cualquier caso, cuando un directivo del Atlético Nacional de Medellín convocó a René Higuita a su despacho, el arquero posiblemente pensó: «A saber qué habré hecho y no me acuerdo. Sobre todo, a saber quién se lo habrá contado».

Sin embargo, no se trataba de que alguien se hubiera tomado sus buenas copas por los locales de Medellín o hubiera pasado una noche loca de fiesta en algún apartamento de la ciudad. El asunto era mucho más espinoso y turbio. El mandatario fue directo, sin anteponer siquiera unas palabras sobre lo bien que iba el equipo o cómo ese año estaban dándolo todo aun teniendo la cabeza puesta en el Mundial de Estados Unidos.

—Secuestraron a la hija de Yepes.

—¿El exdirigente?

—Sí.

—Mierda.

—No se sabe quién fue. Tal vez los hermanos Orejuela.

—¿En Medellín?

—No sé qué decirle. —El hombre extendió los brazos y sacudió la cabeza. Luego se inclinó sobre el escritorio—. Es solo una niña, tiene trece años.

—¿Y yo qué debería hacer?

—Actuar como garante.

—¿Por qué yo?

—Porque usted es René Higuita.

—No quisiera echarme para atrás, pero hay muchos otros jugadores famosos de la selección y del Nacional.

—Los secuestradores lo pidieron.

Higuita se pasó la mano por la cara. Bebió un largo sorbo de agua con sales minerales concentradas, una bebida que el cuerpo técnico había preparado para todos los jugadores después del entrenamiento. Miró al directivo y el directivo le devolvió la mirada. El portero saltó de la silla y dijo:

—Lo haré.

El hombre se levantó, rodeó escritorio y lo abrazó.

—¿Qué debo hacer exactamente?

—Usted va a la casa de los papás de la niña y ellos le explican todo.

René se giró, sacudiendo su negra melena rizada, y fue hacia la puerta.

—Está salvando una vida —le susurró el hombre.

—Esperemos no joder dos.

Dos

¡Lo hago! Lo pensé al momento. No estaba tranquilo, en absoluto, pero cuando escuché que la niña, Marcela, tenía solo trece años, decidí inmediatamente ayudarla si podía. Las demás preguntas las hice para no dar la impresión de que nada más me importaba. Igual que el tiempo que me tomé para pensarlo. Era extraño que los secuestradores me hubiesen solicitado a mí. Por mi parte, yo no tenía tanto miedo de ser asesinado o secuestrado. Eso podría suceder en cualquier otra ocasión y no habría ninguna necesidad de armar todo este teatro. Yo era una celebridad en esa época. Habíamos ganado una Categoría Primera A, la Copa Libertadores (primer equipo colombiano en hacerlo) y la Copa Interamericana. Era normal que un exdirigente de mi club, Luis Carlos Molina Yepes, acorralado por los secuestradores, viniera a pedirme ayuda. Pensé en mis hijos, en si me hubiese pasado a mí y alguien se hubiera negado.

Por desgracia, la policía colombiana no tuvo tantos escrúpulos y me arrestaron. Dijeron que había tomado sesenta y cuatro mil dólares para la mediación y luego me llevaron preso. Para nada era cierto, o al menos la verdad no era lo que ellos contaban. Con la policía, sobre todo la colombiana, esto es algo que sucede a menudo. Me llevaron a una sala pequeña y apestosa. Los policías estaban acostumbrados, yo no. Me interrogaron durante una semana, me amenazaron con encerrarme de por vida. Las preguntas eran siempre las mismas:

—¿Qué sabe de Pablo Escobar?

—¿Dónde se esconde?

—¿Quiénes son sus cómplices?

—¿Dónde están?

No sabía más de lo que ya sabían todos, aunque él había sido para mí un amigo. Esto lo declaré siempre y lo he pagado muy caro. Lo conocí años atrás, cuando era solo un candidato al Parlamento que daba discursos en las comunas más pobres de Medellín. Nos presentaron en una de estas ocasiones, porque, aunque he ganado dinero, nunca olvidé que vengo del barrio Castilla. ¡Y, además, Pablo Escobar era un tremendo apasionado del fútbol!

Los policías fueron tan capullos que, de haber sabido algo, no se lo habría dicho. A diferencia de otros detenidos, a mí no podían torturarme. No era un pobre diablo al que habían metido en la cárcel. Mi arresto y las audiencias posteriores se habían convertido en un gran acontecimiento mediático. No podían llevarme ante el tribunal lleno de moretones. Estábamos a las puertas del Mundial 1994 y nos habíamos clasificado por segunda edición consecutiva. Los capitostes de la FIFA habían cambiado hacía poco la regla del pase hacia atrás al portero. Ya no se podía agarrar la pelota con la mano si te la daba un compañero. Me pregunté: «¿Será posible que estos caballeros hayan visto por primera vez a un arquero que juega con los pies con sus compañeros, sale del área, llega hasta el mediocampo, dribla y es utilizado como líbero?». Este punto de inflexión en el fútbol se conoció como «Ley Higuita», porque dijeron que se les ocurrió después de verme jugar en el Mundial de Italia 1990. Mundial que, por cierto, era el primero al que nos clasificábamos después de veintiocho años de purgatorio.

Mis compañeros y casi toda Colombia estaban de mi parte y me apoyaron antes, durante y después del juicio. Pero el Mundial se acercaba y yo seguía encerrado en una celda con un grupo de maníacos que pretendían que les contara dónde se escondían don Pablo u otras personas del cártel. Me decían una y otra vez que mi carrera estaba acabada, que mi vida había terminado. Me metieron en aislamiento, no podía hablar con nadie. Solo mi esposa podía venir a verme y contarme acerca de la oleada de solidaridad que había estallado ante la manifiesta injusticia que yo estaba sufriendo. Llegué a pensar que tal vez los secuestradores no eran los Orejuela, sino la propia policía, y que me habían pedido que hiciera de intermediario para así enredarme luego. En la cárcel tienes tiempo para pensar. Pero si piensas demasiado, te arriesgas a freírte el cerebro. Intentaba pensar en mis hijos, en Magnolia y en mis compañeros de fuera, y la cabeza se me iba al Mundial que se me escurría entre los dedos.

Después de que Escobar se entregara, fui a visitarlo a la Catedral, la cárcel que él mismo se había mandado construir; también en aquella ocasión lo hice con toda la candidez. Cuando un periodista me preguntó: «¿Es amigo suyo?», yo, sonriendo, repetía:

—Por supuesto que sí.

Para mí era un tipo que había hecho campos de fútbol con iluminación eléctrica en toda Colombia y en particular en Antioquia, que es el departamento donde está Medellín, la ciudad en la que ambos nacimos. No quiero decir que el narcotráfico no sea un gran problema mundial, pero me parece ingenuo pensar que un solo hombre pueda levantar un imperio sin algún apoyo externo. Estados Unidos y la élite colombiana habían decidido que él era el

24

enemigo público número uno. ¿Quién sabe por qué él y no el cártel de Cali, que ha seguido operando sin ser molestado durante años, inundando Europa y América de cocaína después de la muerte de Escobar? Tengo una respuesta: probablemente por ser un estúpido chico de barrio. El «Patrón» no quería ser solo el siervo —aunque bien alimentado— de los yanquis y de los ricos colombianos blancos. No quería ser su lamebotas, el mono entrenado que les hace ganar dinero, les resuelve el trabajo sucio y permanece en la sombra hasta que lo saquen y venga otro. Se puso a hacer política, por ambición, por conveniencia, por lo que ustedes quieran, pero sus verdaderos problemas con el Gobierno y con Estados Unidos comenzaron cuando se le metió en la cabeza que podía convertirse en un importante político colombiano. Pero ya en 1982 no era un hombre cualquiera: había sido admitido en la delegación encargada de ir a saludar al presidente electo Felipe González Márquez en una España que recién empezaba a dejar atrás cuarenta años de sangrienta dictadura fascista. ¿Por qué Gilberto Rodríguez Orejuela, el jefe del cártel de Cali, no recibió el mismo trato? Quizás porque no decía cosas como: «Yo pagaré toda la deuda exterior de mi país». La regla en Colombia era: puedes vender toda la coca que quieras y financiar a este partido o al otro, pero si quieres sentarte a nuestra mesa y renegociar las normas, eso es otra historia.

Don Pablo, en un momento dado, quiso incluso hacer de Antioquia una entidad independiente, un Estado separado. Para dar una idea de lo poderoso que se sentía. Ahí exageró, probablemente, pero el nuestro era un país donde los aviones de los candidatos presidenciales explotaban en el aire, como el que debía tomar César Gaviria el 27 de noviembre de 1989. Luego se convirtió en presidente y acérrimo enemigo de don Pablo por orden de Estados Unidos. No debemos olvidar que en aquellos años hubo en Sudamérica muchísimas dictaduras apoyadas por los yanquis, por ejemplo, en Chile. Durante los sesenta y setenta, Estados Unidos orquestó cambios de régimen y elecciones de Gobiernos títere en todo el continente.

Sea como sea, yo no tenía nada que ver con todo eso; yo jugaba al fútbol y era famoso. Y me vi en todas las portadas como un narcotraficante secuestrador de niñas. Carajo, nadie me ha pedido nunca que diga una misa porque me haya hecho fotos con Juan Pablo II.

Tres

René Higuita aparcó su todoterreno blanco frente a la entrada de la casa de los padres de Marcela. Estaba en uno de esos barrios blindados de la ciudad, con cancela, barrera automática y guardia de seguridad en la entrada. Villas de lujo, una tras otra. Los jardines, todos verdes, y las habitaciones, todas blancas. Las casas eran de estilo neocolonial y no tenían ni siquiera una fisura en las fachadas; podrían haberlas construido la noche anterior en el mismo orden en que estaban. René no vio una casa así hasta que se hubo convertido en futbolista profesional. Los padres estaban muy inquietos. Intentaban mantener la compostura mientras le explicaban la situación, pero él fumaba un cigarrillo tras otro para evitar beberse toda la botella de whisky que habían puesto en la mesa después de ofrecerle una copa al arquero. Ella se retorcía los dedos; luego, deslizaba una mano entre las del marido.

—¿Quiere escuchar lo que dicen en su mensaje? —dijo el padre.

—Por supuesto.

El hombre presionó con el dedo el botón de *play* de la grabadora. Escucharon la cinta en silencio. Se trataba de la llamada telefónica que los secuestradores habían hecho a los padres. Eran claros; la voz, tranquila y serena, no estaba quebrada por ninguna emoción. No le harían daño a la niña. Querían un paquete con dinero y, como garante, al portero del Atlético Nacional y de la selección.

—René, sabemos que pedimos mucho.

—¿Se han preguntado por qué me quieren a mí?

—No.

Se quedaron en la penumbra de la habitación, en medio de los rayos de sol de aquel atardecer medellinense que las persianas amortiguaban. El padre seguía fumando, la madre seguía retorciéndose los dedos. René bebió el último trago de whisky escocés que le quedaba en el vaso.

—Lo haré.

Cuatro

No quiero seguir haciendo apología de Pablo Escobar pero, como tantos latinoamericanos de mi generación, estoy cansado de la hipocresía de Estados Unidos y sus aliados. En 1991, en Colombia, murieron quince mil personas. En el negocio de la cocaína, los calabreses han pasado a ser prácticamente los únicos socios comerciales de los cárteles. ¿Saben cuántos muertos hubo en la mayor guerra de la 'Ndrangheta entre 1985 y 1991? Cerca de mil. Hagan ustedes los cálculos.

Hubo una guerra civil, con las FARC (las Fuerzas Armadas Revolucionarias Colombianas) por un lado y el ejército regular y los paramilitares por el otro. No se entendía nada. En las ciudades había atentados contra centros comerciales, contra políticos y periodistas. Había un montón de armas y otros tantos descerebrados que las empuñaban. Una vez leí que podías hacer que mataran a tu marido o a tu esposa y luego tirarlos a la pila de cadáveres, que algunos grupos lo ofrecían como servicio de pago. Me parecía una huevonada, la típica basura que los gacetilleros mercenarios lanzan al aire para aumentar el nivel de tensión y facilitarle al Gobierno nuevas medidas represivas que luego afectan a todos. Dicho esto, el nivel de caos y desinformación sobre lo que ocurría era tal que se hacía difícil sobrevivir en semejante delirio.

Un periodista italiano, creo que se llamaba Guido Piccoli, escribió un libro titulado *Colombia, il paese dell'eccesso.* Nunca lo leí, pero ese título me pareció más que acertado: Colombia, el país del exceso.

Estados Unidos estaba cómodo así: tenían sus títeres en el Gobierno, saqueaban nuestros recursos y nos usaban como el foco al que dirigir la atención del mundo y dividir así la opinión pública entre quienes decían «¡pobrecitos!» y quienes decían «¡salvajes!». Y nuestra clase dirigente se enriqueció con la piel del pueblo. Entre los quince mil muertos de 1991, hay que contar también a los «falsos positivos». El Gobierno de mi país —si lo pienso me dan ganas de vomitar— pagaba en dólares nuevecitos y en ascensos a cualquiera que le trajera la cabeza de un guerrillero. Militares y paramilitares decidieron ponerse a exterminar campesinos en las aldeas y vestirlos como miembros de las FARC para luego ir a cobrar.

Miles de pobres fueron asesinados así. Si esto no es un genocidio de clase, no sé cómo llamarlo. Don Pablo hizo lo que hizo, pero no sé si he dado una idea del contexto en el que vivíamos. También en el 91, el Patrón decidió entregarse a la justicia con la condición de ser encerrado en la Catedral. Lo hizo para no ser extraditado a Estados Unidos, donde probablemente hubiera sido condenado a muerte. Incluso Gabriel García Márquez declaró que era la victoria de la razón sobre la irracionalidad de la violencia. Sin embargo, el Gobierno lo vendió al momento, traicionando los pactos. Lo mataron el 2 de diciembre de 1993, después de que lo encontraran gracias a un sofisticado sistema de control por satélite. Solo se ha usado el mismo método para otra persona: Osama bin Laden.

Cinco

René terminó el entrenamiento y se metió en la ducha. Ni siquiera se había secado el pelo cuando el dirigente que le había contado la historia de Marcela se plantó delante de él.

—Llamaron.

El portero asintió.

—El papá le dará el maletín con la plata y usted tendrá que esperarlos en una habitación de motel. Pasará alguien a recoger el maletín, le dirán dónde está la chica y todo habrá terminado.

—Esperemos que tenga usted razón.

René hizo la señal de la cruz, puso sus cosas en la bolsa de deporte, cerró la cremallera y salió del vestuario.

Decidió pasar primero por casa para advertir a su esposa. Podría haberla llamado, pero prefería evitar el uso de teléfonos.

—Va a ser esta noche —le dijo a Magnolia.

—¿Usted está seguro de que quiere hacerlo?

—¿Aún querés que lo haga?

Ambos se abrazaron.

—No lo sé.

—Todo irá bien.

Saludó a los niños, abrazándolos. El mayor preguntó a la madre:

—¿Adónde va papá?

—A hacer una buena acción.

El portero saltó dentro del todoterreno blanco y fue a buscar el dinero de los padres de Marcela. Ellos no dejaban de darle las gracias pero, apenas agarró el asa del maletín y les dio la espalda para marcharse, René se sintió pesado, como si cargara un ataúd con un gran oso dentro.

—Tráigala de vuelta —dijo la madre, sollozando y despidiéndose desde la puerta.

En el trayecto entre la casa y el motel condujo como enajenado.

Una serie de preguntas le revoloteaban sin parar por la cabeza:

«Si me paran los policías, ¿qué les digo?».

Golpeó el volante con las manos.

«¿Quién les va a explicar qué hago yo con toda esta plata?».

Luego pensó que con los policías podía hacer valer el hecho de ser quien era, el portero del Nacional y de la selección. Podría servir, tal vez, para evitar que le registraran el coche. Eso lo tranquilizó un poco, pero luego reflexionó:

«¿Y si me detiene un grupo de bandidos y me quitan el maletín?».

Derrapó al tomar una curva.

«¿Y si se me acercan dos motos y me disparan? Hijueputas, en ese caso podrían llevarse también el carro».

Eso era lo menos probable, pero si alguien supiera del dinero y que él lo tenía en el maletero, estaría bien jodido.

Se saltó por lo menos tres semáforos en rojo y recibió una ristra de insultos de otros tantos conductores enfadados. También podría haberse dado perfectamente un señor golpe contra un autobús antes de llegar a su destino. Pegó las manos al volante en posición de las once y diez. Los nudillos se le pusieron blancos, redujo la velocidad. Finalmente vio el motel. Aparcó.

Ya estaba allí. Por suerte, nadie lo había parado.

Ni siquiera para preguntarle cómo llegar a tal o cual sitio.

Seis

Después de los interrogatorios pasé siete meses en la cárcel y al final me absolvieron de todos los cargos. Menos mal. Lo que más me mortificaba era no haber podido ir al Mundial, organizado por uno de los mayores enemigos que el pueblo latinoamericano ha conocido en toda su historia, Henry Kissinger. El hecho de que Pelé, después de ver un partido de nuestra selección, dijera que éramos el mejor equipo del momento debía, no obstante, alertarnos. En Estados Unidos lo llaman *the Kiss of Death,* el beso de la muerte. No pasamos de la fase de grupos.

Pero ciertamente éramos muy buenos. Estaban Valderrama, Asprilla, Valencia, Rincón, Osorio y también el pobre Andrés Escobar, asesinado por unos malparidos de mierda al volver al país.

A todos les gusta contar la historia de superación de un niño pobre que consigue salir de la miseria gracias al balón. Todo resulta muy romántico cuando se lee en un libro o en un bonito artículo de prensa. Pero corres el riesgo de que un grupo de cobardes hijos de puta te maten, como le sucedió a Andrés Escobar.

Yo nací en una comuna humilde de Medellín, el barrio Castilla, el 26 de agosto de 1966, como José René Higuita Zapata. El apellido es el de mi madre, porque mi padre se largó antes de que yo naciera, creo. No sé ni siquiera qué fue de él. Al menos no hizo como esos imbéciles que abandonan a los hijos y cuando estos triunfan se presentan para poner el cazo como si nada. Mi madre murió cuando yo era muy chiquito, y me fui a vivir con mi abuela y mi abuelo, pero éramos una familia numerosa. Para pagarme la escuela de fútbol, vendía periódicos en los semáforos de Medellín; una auténtica diversión para un niño medio indio sin padres. Aunque el abuelo y la abuela siempre me ayudaron. Por desgracia, él se murió antes de poder verme en el fútbol profesional, al igual que mi madre. Gracias a Dios, mi abuela sí pudo disfrutar de mi éxito.

El Atlético Nacional de Medellín ha sido siempre el club de mis amores. Lo gané todo con ellos. Don Pablo nos daba mucho dinero, no digo que no, pero lo hacía también con otros equipos, como los hermanos Orejuela. No era ninguna novedad. El fútbol colombiano en los años ochenta estaba muy lejos de parecerse al fútbol europeo actual, con clubes que son multinacionales, donde se puede encontrar en la misma plantilla al mejor jugador de Angola, Italia y Portugal. No le veo nada de malo; yo también me fui a jugar a España por un tiempo. Lo digo solo para que se entienda que con aquel dinero no comprábamos a las grandes figuras brasileñas o argentinas, simplemente nos pagábamos las instalaciones, el material y todo lo que atañe a la vida cotidiana de un equipo de fútbol.

Naturalmente, también había algunos regalos para nosotros, pero esto era práctica habitual entre todos los presidentes, incluso en Europa.

En el Nacional éramos todos colombianos. «Los puros criollos», así nos llamaban.

A Escobar le gustaba el fútbol. En la Catedral una vez incluso organizamos un partido. También había derbis, como el Clásico Paisa contra Independiente. Jugábamos en el estadio dedicado a Atanasio Girardot, un revolucionario que luchó junto a Simón Bolívar. Yo solía quedarme en mi sitio, pero a veces pensaba «¡lo hago!» y salía conduciendo la pelota, driblando a algunos rivales, hasta llegar al centro del campo y pasársela a alguien. Una vez me aburría en la portería y lo hice: tomé el balón, abandoné el área, combiné un par de veces con mis compañeros y fui directo hacia la portería contraria.

No recuerdo a cuánta gente esquivé, creo que a tres o cuatro. Llegué a su área. No podían detenerme y un defensor me derribó. Penalti para nosotros, que también anotamos.

Me gustaba entretener a la gente. ¿Dónde dice el reglamento que el portero deba estar clavado bajo los palos? He marcado sesenta y un goles en mi carrera, aunque algunos insisten en que solo fueron cuarenta y nueve.

Siete

El motel era uno de esos a la americana, con doce habitaciones que se extendían horizontalmente en L, todas iguales y unidas por una larga plataforma de tablones de madera.

Lo esperaban en la recepción. Sonaba levemente de fondo un bolero colombiano; era Óscar Agudelo, su voz era inconfundible. El tipo debía de saberlo ya todo. Le dio la llave y solo le pidió un autógrafo para su hijo, Juan. René tomó la llave y escribió luego en un trozo de papel:

A Juan, mi gran admirador
René Higuita

Entonces preguntó:

—¿Se presentó alguien acá preguntando por mí?

—No, todavía no —dijo el tipo sin mirarlo y retorciendo el autógrafo entre las manos.

Era una habitación sórdida, como la de casi todos los moteles. Se parecía a la de la película *Psicosis*, pero algo más grande: había dos ventanas y un sofá con una mesa de aglomerado en la parte delantera. Al menos estaba limpia. Al cabo de media hora de espera llegaron cuatro tipos. Entraron tres y cerraron la puerta; el otro se quedó al otro lado. Dos de ellos empuñaban una pistola. Una gota de sudor helado descendió del cuello de René hasta el culo. Los dos matones armados comprobaron que no hubiese nadie en el baño, miraron debajo de la cama y por las ventanas que daban a la parte trasera del motel, luego guardaron las pistolas y parecieron calmarse; cruzaron las manos sobre el vientre.

—Discúlpenos. Rutina, vea —dijo el que parecía más joven de todos.

Iban vestidos todos iguales. Parecían tres Manny de *Scarface,* con camisas hawaianas y camisetas blancas debajo, vaqueros y zapatillas. El pequeño llevaba la misma indumentaria, pero parecía ser él quien mandaba.

René se había quedado entretanto en el sofá, sentado con los codos sobre las rodillas y las manos juntas, los dedos entrelazados.

—La plata está en el maletín —dijo señalando con la mirada al lado del sofá.

—Hay tiempo.

—¿Qué significa eso?

—Que ahora nos estamos tranquilitos acá y esperamos una llamada.

—¿Cuánto tiempo tomará?

—Al menos un par de horas.

Uno de los Manny sacó una botella de whisky y el otro encendió la radio. Sonaba una canción de algún artista yanqui, seguramente mejor que Óscar Agudelo.

—¿Un traguito? —dijo el pequeñín agitando la botella que le había pasado su compañero.

—No por ahora.

—¿Está tenso, parce?

—Diría que sí.

—Ya lo ha estado más veces.

—Por ahora solo en el campo de fútbol.

—Imagínese que está en el túnel del estadio. Dentro de poco empieza el partido.

Ocho

Yo quería entretener al público, era importante para mí. También ganar, por supuesto. Porque los hinchas, por encima de todo, quieren ver a su equipo ganar. Los clubes medianos y pequeños llevan en el corazón a sus leyendas igual que hacen los grandes. Puede que no dieran copas ni campeonatos, pero hicieron el gol de la salvación, el del ascenso o el de la victoria en el derbi. Esta es una de las cosas buenas del fútbol. Y ya si el ídolo de la afición logra, además, llevar a casa un título, entrará para su gente en el olimpo de los dioses. Dentro del campo, una descarga de adrenalina me recorría el cuerpo cuando empezaba a driblar adversarios y lograba llegar hasta el área rival. Por no hablar de cuando me cedían un tiro libre en la frontal, chutaba y encima anotaba. De vez en cuando, en mi cabeza, me decía: «¡Lo hago!».

Veía el estadio a reventar, los bombos que retumbaban al compás de los arreones de los jugadores, las coreografías de los hinchas, las banderas al viento. Un estadio colombiano de los años ochenta y noventa estaba lleno de colores, plagado de gente que no se sabía siquiera por dónde habían entrado… Era una verdadera explosión de alegría, o al menos yo la sentía así, y tenía que corresponder de alguna forma.

Un amigo me dijo que yo jugaba delante de cincuenta mil personas como lo hacía en la calle cuando teníamos doce años y se jugaba sin arquero fijo; la misma manera de apoderarse del balón y lanzarse a eliminar oponentes. Alguien tenía que estar en la portería, pero luego podía desprenderse, salir hacia delante, centrar, tirar. Te la jugabas porque podías recibir un gol en el contragolpe. Siempre me ha llenado de orgullo la idea de haber llevado el fútbol de la calle a los grandes escenarios.

Tal vez sea tan solo la nostalgia, que, como decía nuestro más grande escritor, Gabriel García Márquez, todo lo transforma. La definió como algo así como una trampa que colorea los momentos amargos y los coloca en otro lugar donde ya no duelen.

Mejor que vuelva a hablar de fútbol.

Por todas mis fechorías, alguien podría decir:

«Mira qué suerte que ese loco del Pacho Maturana le dejaba hacer lo que quería».

«Era su protegido».

«El equipo lo cubría, estaba construido para eso».

El Pacho pudo armar un equipo ganador como el Nacional porque aprovechó mis características tanto como las de los demás. Ahora los equipos se construyen desde abajo, y te dicen que el portero es el primer organizador, y exageran. En nuestra época era muy diferente. En el fútbol colombiano se jugaba con cuatro defensas y un líbero, por lo general. Maturana me decía:

—Bien, yo saco un jugador de la defensa y usted me hace de líbero. Así tengo un futbolista más en el centro del campo.

Esa fue la clave: había que tener a los jugadores adecuados, y el Nacional los tenía. Algunos entrenadores dicen que el fútbol es fácil. Es verdad, si tienes las ideas claras.

Carlos Bilardo, que fue nuestro seleccionador un tiempo, dijo que yo era el prototipo del portero del futuro. Agradezco el cumplido, pero me atrevo a desafiar a cualquier portero contemporáneo a tomar el riesgo de adelantarse a los atacantes sin permitirles siquiera pensar en el disparo, o llegar hasta la portería rival con la pelota. Son cosas que ya no se ven, ¿verdad? Además, la gente olvida que yo también hacía muchas cosas bajo los palos. Maturana decía que yo tenía el físico de un artista de circo. Había que estar en forma para saltar de forma tan explosiva. El papel del guardameta es muy difícil, no podía quedarme quieto mientras mis compañeros se reventaban en medio del campo.

Igual que los ídolos que fallan penaltis decisivos, hay porteros que cargan con cruces más grandes que ellos mismos, como Moacir Barbosa, el arquero de Brasil que perdió el Mundial de 1950 contra Uruguay. Lo acusaron de todo. Ni siquiera lo dejaron ir con la selección en los años siguientes porque podía traer mala suerte. La verdad es que le echaron la culpa a él porque era negro. El primer guardameta negro de la selección brasileña.

Creo que hay que ser fuerte para ser portero. Cuando la pelota traspasa la línea de gol, se hace realmente duro. Una parte del público salta de alegría y la otra te insulta y se burla, y tú, en el suelo, con las piernas abrazadas, escupes amargamente al pasto y te tienes que levantar.

Nueve

Los Manny se hacían los duros, pero también parecían tensos como la cuerda del arco de Ulises en la batalla contra los pretendientes de Penélope. Habían permanecido tranquilos durante al menos dos horas en la habitación del motel. En la primera media hora, René había mirado el reloj seis veces. Decidió quitárselo y guardarlo en el bolsillo de los vaqueros. El pequeñito se burló:

—¿Tiene miedo de que se lo quitemos?

Le arrancó una sonrisa.

Alguno de ellos miraba de cuando en cuando por la ventana, si oían llegar un coche, una puerta que se abría o alguna voz en la distancia. También habían hablado de fútbol, por supuesto. El Mundial de Estados Unidos estaba a la vuelta de la esquina.

—¿Cómo estamos?

—Estamos bien —había contestado René.

—¿Podemos apostar algo de platica?

—Hagan lo que quieran.

—¿Nunca apuesta?

—No me gusta.

Sonó el teléfono. Los tres hombres se miraron y René los miró a su vez. Esperaron al tercer timbrazo y luego el pequeño descolgó:

—¿Aló?

Se quedó en silencio durante al menos treinta segundos que al portero se le hicieron eternos. Ya estaba amaneciendo, se veía pasar la luz que cambiaba rápidamente a través de las persianas bajadas.

—Muy bien.

El pequeño dejó el auricular. Se acercó a René:

—Está todo bien.

El portero suspiró.

—Cuando abran las escuelas, vaya delante de una azul muy grande que está a cinco cuadras de acá.

Le explicaron cómo llegar y le indicaron una serie de elementos visuales y puntos de referencia para asegurarse.

Tomaron el maletín. El pequeñín lo abrió y echó una mirada rápida pero meticulosa, como si tuviera un ordenador en la cabeza y pudiera contar todos los billetes que había dentro.

—La niña estará allá.

—¿Puedo fiarme?

—Ya lo ha hecho.

Diez

El Nacional, siempre con Maturana como técnico, fue a jugar la Intercontinental, cuando aún la disputaban solamente el campeón de la Libertadores y el de la Copa de Europa. No había mil eliminatorias. Partido único y listo. Ahora es otra cosa, con equipos africanos, asiáticos, árabes. En cierto modo, está bien que haya cambiado el formato. Tal vez a mí me afecte demasiado la nostalgia de aquel tiempo.

En la final nos enfrentamos al Milan de Arrigo Sacchi. Un equipo «galáctico». Aguantamos el tipo ante los italianos durante ciento veinte minutos sin recibir un solo gol. En mi opinión, nosotros jugamos mejor, pero tal vez aquí también se me reavive la llamita de la nostalgia, o tal vez no.

Nos jodió, en un tiro libre, un pequeñajo llamado Evani, en el último minuto de la prórroga de una final durísima en la que el marcador no se había movido hasta entonces.

Me contaron que un comentarista de la televisión italiana repitió varias veces que mis paradas y mi actitud en el campo valían el precio de la entrada.

Pero esa no fue la peor derrota de mi carrera. Ninguna me dolió más que el partido de octavos de final del Mundial de 1990 contra Camerún. Empiezo a pensar que Italia no me trata muy bien, tal vez sea eso. Habíamos llegado al torneo más de veinte años después de la última participación mundialista de Colombia. Éramos un gran equipo y estábamos en plena forma.

Hicimos una buena primera fase. Vencimos a Emiratos Árabes Unidos 2-0, como debía ser; en los Mundiales los partidos no son amistosos. Luego nos tocaba Yugoslavia, contra la que no habíamos jugado nunca. Ellos tenían grandes estrellas, como Dejan Savićević, Robert Prosinečki, Davor Suker. No sabíamos que se les consideraba los brasileños de Europa. Peleamos los noventa minutos, pero al final nos derrotaron 1-0. En la última jornada del grupo, nos medimos con los germanos, que aún eran Alemania Occidental, el equipo que a la postre salió campeón gracias a un penalti absolutamente inventado por el árbitro. Imagínense si Maradona llega a ganar dos Mundiales seguidos… Ladrones. Hicimos un gran partido. Atajé un balón a Klinsmann que todavía se pregunta cómo reculé hasta la portería y le quité la pelota de la cabeza saltando más que él. Encajamos un maldito gol en el 88'; parecía que todo se iba al carajo. Pero entonces el Pibe Valderrama enganchó el balón en el centro del campo, se giró con su calma habitual, combinó, volvió a recibir y vio que Rincón salía disparado hacia el área, solo, a la espalda del lateral. Muchos decían que Valderrama era lento. Tal vez, pero su mente volaba. La pelota llegó perfectamente a los pies de Freddy, que la coló entre las piernas del portero alemán: 1-1 y a octavos. Era la primera vez que Colombia avanzaba a las rondas eliminatorias de un Mundial. Entre nosotros reinaba el entusiasmo, pero también en todo el país. Nuestros amigos y familiares nos contaban por teléfono lo que veían. En ese momento no existía Internet y en el hotel no teníamos televisión por satélite.

Nos íbamos a enfrentar a Camerún, que tenía un equipo sólido y respetable: habían ganado 1-0 a la Argentina del Diego en el partido inaugural.

El tiempo reglamentario terminó 0-0. Luego, Albert Roger Mooh Miller, más conocido como Roger Milla, nos castigó dos veces. En una de ellas, la culpa fue mía. Perdíamos ya 1-0 (Milla, 106') y teníamos la posesión en nuestro campo. Perea me devolvió un balón envenenado. El camerunés se me echó encima.

«Solo puedo regatear —pensé—. ¡Lo hago!».

Lo he hecho miles de veces. Sin embargo, el maldito abuelete, que en aquel entonces tendría quizá cuarenta años, me miró a los ojos, vino como un halcón y me arrebató la pelota sin esfuerzo. Voló hacia la portería, yo lo perseguí con todo lo que tenía en el cuerpo, igual que mis compañeros, pero no había nada que hacer. Gol. 2-0 en el minuto 109. Milla corrió hacia el banderín de córner y se puso a bailar como un niño feliz. Ese gol nos echó del Mundial. Bernardo Redín recortó distancias poco después, pero era demasiado tarde. Pablo Escobar nos había dicho que, si llegábamos a cuartos, tal vez vendría a vernos. La policía italiana se volvió loca con esto. Pensamos que el Patrón exageraba, pero nunca tuvimos ocasión de comprobarlo. Por mi culpa, aunque el fútbol es un juego de equipo. Fui a la rueda de prensa, di la cara ante los periodistas. Asumí la responsabilidad, pero siempre con una sonrisa. Al final, por mucho que duela, siempre hablamos de fútbol.

Once

Parecía que la hora de apertura de la escuela tardaba dos vidas en llegar. Si René hubiera sido fumador, habría vaciado un estanco, se habría fumado hasta los chicles de nicotina.

El portero salió de la habitación, se metió en el coche y se dirigió al lugar que le habían indicado los secuestradores. Esta vez condujo con más calma; no llevaba el dinero, no llevaba a la niña. Si algo tenía que ocurrir, ya habría ocurrido en el motel mientras bebían whisky y hablaban de fútbol. En la cabeza, sin embargo, se le había metido un miedo sutil a haber sido engañado. Adiós dinero y de la niña ni rastro. No sabía cómo se lo tomarían sus padres. El todoterreno blanco dobló la esquina y se detuvo cerca de la escuela, según las instrucciones. Un grupo de niños se dirigía al edificio cuando uno de ellos gritó:

—¡Miren ese carro! ¡Es René Higuita!

El grupito se acercó al coche, todos felices. René se bajó, los niños sacaron sus cuadernos y agendas y empezaron a dárselas a su ídolo para que les firmara. El portero sudaba, pero se puso a firmar sonriendo. Una niña se le acercó y le tiró de la camisa:

—René, René…

—Sí, mija, vos también tendrás tu firma.

—No, no lo entiende.

Siguió firmando, sin preocuparse demasiado por ella. La niña volvió a tirarle de la camisa.

—Estás impaciente… —dijo el arquero.

—Soy yo. Soy Marcela.

A René se le cayó al suelo la pluma con la que estaba firmando. Levantó a Marcela y la estrechó entre sus brazos, sujetándole la cabeza con una mano. Los otros niños empezaron a protestar. Dónde estaban sus autógrafos.

—En otro momento, en otro momento —dijo su jugador favorito.

Se metieron en el coche.

—Póngase el cinturón.

La niña obedeció. René arrancó y aceleró.

—¿No puede ir más despacio?

—Tal vez sí.

Pasaron la mayor parte del camino en silencio. Higuita miraba a Marcela y le daban ganas de llorar. Ella no comprendía.

—¿Adónde me lleva?

—A casa con papá y mamá. Tranquila.

Sonrió a la niña.

—Espera, espera —gritó ella.

—¿Qué pasó?

—Allá está mi tío, puede dejarme con él —dijo señalando a un hombre que paseaba un perro.

—¡Vos estás loca!

—¿Por qué? —preguntó la niña con los ojos muy abiertos. René la miró. Era muy pequeña y estaba asustada. Le acarició la cabeza.

—Tengo que llevarte de vuelta a tu casa, con tus papás. Luego, si quieren, lo llaman al tío y él vendrá a visitarte.

Finalmente entraron a la villa de Marcela. Los padres estaban exultantes. Todos empezaron a llorar, incluso René. Mientras la familia celebraba, él se quedó a tomar un vaso de whisky. Lo necesitaba. Entonces la madre de Marcela se acercó y le dio un sobre:

—Acá hay cincuenta mil dólares.

—No, no los quiero. No he tomado esta responsabilidad por la plata.

—Por favor, tómelo.

—No lo hice por la plata, se lo repito.

—Es solo un *regalito*.

René apartó de sí el sobre y lo empujó hacia la mujer, pero ella insistió:

—No aceptamos un rechazo. Haga lo que quiera con él.

Pensó en ello. Tal vez podría hacer algo. ¿Por qué quedarse ahí discutiendo?

Tomó el dinero. Cincuenta mil dólares que los periodistas transformaron en sesenta y cuatro mil, el dinero del rescate por el secuestro que había organizado. Según ellos y la policía colombiana.

Doce

Entre los ochenta y los noventa, en un lapso de unos diez años, fueron cinco las veces en que un equipo de nuestro país llegó a la final de la Copa Libertadores. Hasta entonces ninguno la había ganado. Pero era una señal de que nuestro fútbol estaba viviendo su momento de máximo esplendor, al menos hasta la fecha. Hicimos un viaje increíble para llegar a la final de 1989. La fase de grupos fue dura, pero nos clasificamos como segundos. Luego, nos impusimos a Racing de Avellaneda y, a continuación, a uno de nuestros máximos rivales, Millonarios de Bogotá. En semifinales nos deshicimos del Danubio: 0-0 en la ida y un impecable 6-0 a nuestro favor en la vuelta. Sin embargo, en la final nos esperaba un equipo rocoso, el favorito del torneo: los paraguayos de Olimpia. En aquella época, la final de Libertadores se disputaba a doble partido, ida y vuelta. Empezamos en Asunción, el 24 de mayo, en el estadio que entonces llevaba el nombre de Manuel Ferreira Sosa, el presidente que lo hizo construir, aunque casi todos lo llamaban El Bosque, Para Uno o El Bosque de Para Uno, que es como se conocen aquella zona y la parada del autobús. ¿Que cómo sé todo esto? No se hacen una idea de la tensión que había en nuestro autobús cuando nos acercábamos al estadio. Así que me puse a leer una pequeña guía que alguien había olvidado en un asiento. Olimpia tenía un gran equipo, y en las gradas la gente estaba muy alterada; la capacidad máxima rondaba los veinticinco mil espectadores, al menos oficialmente, pero, como era habitual en Sudamérica en aquellos años, aunque también en Europa, debía de haber muchos más. El partido fue realmente difícil. Nos sometieron de principio a fin, los noventa minutos. Y menos mal que solo fueron noventa. El resultado fue de 2-0. No es por presumir, bastante lo hago ya, pero basta con buscar resúmenes en Internet para ver que hice al menos cuatro intervenciones decisivas que nos mantuvieron con vida y nos permitieron acabar con un resultado negativo, pero remediable. En Bogotá había que poner toda la carne en el asador. Sí, porque no íbamos a jugar en nuestro estadio, el Atanasio Girardot, sino en la capital. No había gran diferencia, porque toda Colombia nos apoyaba a nosotros, a los Verdolagas, a nuestros colores. Ningún equipo del país había ganado la Libertadores y, en general, el fútbol colombiano nunca había estado tan en el foco como entonces en toda América Latina e incluso en Europa. Todos sentían que ese era *su* partido.

Miles de aficionados ocuparon hasta el último espacio libre que quedó en la grada. La revancha tuvo lugar una semana después del primer encuentro, el 31 de mayo de 1989.

Jugamos con los ojos inyectados en sangre. Igualamos el global con un autogol de Miño en el primer minuto de la segunda parte y un gol de Usuriaga en el 65'. Tras el tiempo reglamentario llegó la prórroga. Tanto nosotros como los paraguayos estábamos tensos: quedaban treinta minutos más por delante. Quieres marcar, porque podría ser el gol decisivo, pero también podrías encajar luego otro, y empiezas a pensar en los penaltis. Cada minuto que pasa están más cerca. Ese fue el destino de la final: los penaltis. Muchos comentaristas están obsesionados con que los tiros desde los once metros no tienen que ver con todo lo que ha pasado previamente: «Los partidos se juegan, los penaltis son una lotería».

En parte estoy de acuerdo, porque cualquiera puede errar un penalti. Incluso los mejores. También es cierto que se pueden entrenar: hay que dedicarle tiempo y trabajo. Pero en los momentos trascendentales, como en las tandas que deciden títulos, las piernas pueden temblar, es normal. Puedes resbalar. En definitiva, cuando estás ahí, puede pasar de todo, pero los penaltis son parte del fútbol. Si no lo fueran, no nos sorprenderíamos cada vez que una estrella elude la responsabilidad de tirar. Panenka nunca hubiera hecho lo que hizo en la final de la Eurocopa 1976 contra los alemanes. No habría lanzadores designados y, sobre todo, no habría una serie de reglas, codificadas o no. Por ejemplo, si se tira alto, fuerte y al ángulo, es imposible que el portero pueda atraparla. El guardameta solo tiene consigo la explosividad y la cábala de Sergio Goycochea, histórico arquero argentino que en el Mundial de Italia hipnotizó a los *azzurri* y regaló la final a los albicelestes. Si el lanzamiento se dirige a los últimos sesenta centímetros de la portería, es imparable; si no, se puede detener. Por tanto, a veces no depende del portero.

Empezaron ellos, por supuesto, así que me planté bajo los palos. Frente a mí estaba su último bastión, Almeyda, el cancerbero. Parecía seguro de sí mismo, pero cuando se acercó al punto fatídico vi que dirigía la mirada hacia un lado del arco.

«Lo tira a la izquierda», pensé.

Disparó fuerte y me lancé al lado correcto. ¡Parada! De nuestro lado, empezó Andrés Escobar. Seguro. ¡Gol! La tanda continuó sin sobresaltos hasta que llegó el turno de García y Almeyda lo detuvo.

Empate. Por Olimpia fue a tirar Amarilla, quizá su mejor jugador. Ejecutó y la pelota acabó en el fondo de la portería.

Y ahora me toca a mí. El último penalti. Si envío la pelota a la red, seguimos tirando. Si me equivoco o, peor aún, si Almeyda me lo para, estamos fuera: fin, *kaputt,* se acabó lo que se daba.

Agarré la pelota y me dirigí al punto de penalti. Olviden todas las chorradas que he escrito antes, los sesenta centímetros, alto, al ángulo, fuerte. El corazón me iba a mil, aunque no quería que se me notara. Quería que mis compañeros vieran que estaba tranquilo, de hielo, pero alegre como siempre.

«Carajo, chicos, es solo un penalti. ¿Es que nunca tiraron uno?».

Por suerte me quedé callado. Tomé carrerilla y disparé al centro, sorprendiendo completamente al pobre Almeyda.

«¿Ven? No es tan complicado». Aunque mi cara quería decirle esto a los demás, en mi fuero interno pensaba: «Muy bien, pero ahora me toca atajar al menos uno siempre y cuando estos no se equivoquen».

Después de ese lanzamiento comenzó otra final, la cuarta, les diría. El partido de ida en Asunción, el de vuelta en Bogotá, la primera tanda de penaltis y ahora la segunda. Pero les aseguro que nadie quería golpear el maldito balón.

González para ellos: ¡la paro!

Pérez para nosotros: al palo y… ¡fuera! ¡Por Dios bendito!

Guasch: ¡parada! El mejor penalti que detuve esa noche, o tal vez en toda mi carrera.

Gómez: vamos, vamos… ¡Pero ¿qué hiciste?! ¡Fuera!

Balbuena: ¿sabes dónde puedes meterte el balón? No te lo digo porque soy católico. Y me santiguo porque también he atrapado este.

Perea: no, Luison, ¡no! Interceptado por Almeyda.

Sanabria: BUM. ¡Alto!

Llegó el último de la serie. Leonel Álvarez agarró la pelota y la secó con la camiseta, que estaba más mojada que un grupo de niños jugando junto a una boca de incendios en el centro de Medellín. Puso la pelota en el punto de castigo. El árbitro hizo sonar el silbato. Leo disparó y la pelota voló hacia la red. Lo habíamos conseguido. Éramos campeones. Por primera vez un equipo colombiano ganaba la Copa Libertadores. Y yo, tan feliz: por mí, por el equipo ¡y porque no todos los porteros marcan un penalti y paran cuatro en una final tan importante!

Epílogo

Sin tener en cuenta el fútbol, en mi vida ha habido momentos maravillosos, aunque no quiero hablar de mi familia ni nada parecido. Cuando salí de la cárcel estaba feliz porque el mal trago había pasado, podía volver a casa, con los míos. No cabía en mí de la alegría, sin duda, pero sentía que había sufrido una injusticia y no podía dejar de pensar en cuántas otras personas menos afortunadas que yo sufrían eso a diario en Colombia.

Después de que me liberaran tuve que recuperarme, físicamente, por supuesto, pero sobre todo mentalmente. Volví al luminoso mundo del fútbol y a la selección colombiana, para fastidio de quienes querían encerrarme en una celda y tirar la llave y para deleite de quienes me habían apoyado, de mis colegas y de mis familiares. El 6 de septiembre de 1995 jugamos aquel partido amistoso en Wembley. Muchos de mis compañeros estaban emocionados;

a mí me daban igual los ingleses. Me entusiasmaba jugar en Wembley, lógico: es como para una orquesta tocar en el teatro San Carlo de Nápoles o para un pintor exponer en el Louvre, pero yo prefería vérmelas con la Argentina de Diego Armando Maradona. Él, a los ingleses, les había dado una buena lección entre «la mano de Dios» y «el gol del siglo» en el Mundial de México 86. Pensando en Diego, me vino una idea a la mente:

«Si él les hizo un gol con la mano, yo les hago una parada con los pies».

Era algo que llevaba tiempo ensayando en los entrenamientos. Les pedía a mis compañeros que tiraran a puerta y yo lo intentaba. El escorpión, en realidad, lo inventó un paraguayo, Arsenio Erico. Paraguayo de Asunción. Servía para marcar goles, no para pararlos.

Erico saltaba como si fuera a rematar de cabeza y, en lugar de eso, dejaba que la pelota pasara de largo por el cuerpo y de tacón la metía en la portería. Jugó la mayor parte de su carrera en Argentina, entre 1934 y 1947. Era el ídolo de Alfredo Di Stéfano, un jugador que nunca me gustó porque fue a hacerse el mercenario con la selección española bajo el franquismo. No quiero ser presuntuoso pero para un delantero fallar un remate de tacón no es una tragedia, y menos si es un ídolo de masas que anotó más de trescientos goles en su carrera; para un portero, sin embargo, encajar uno por intentar hacer una parada con los pies puede suponer el final de la suya, además de la vergüenza mediática por culpa de las cámaras. Y aun así me dije:

«¡Lo hago!».

Jamie Redknapp, el inglés, lanzó ese centro-chut burlón. Me coordiné bien y tensé todos los músculos del cuerpo. El balón, siguiendo una parábola cada vez más pronunciada, comenzó a descender. Tiré la cabeza hacia delante y el cuerpo la siguió. Con un impulso de lumbares y abdominales alcé los talones al nivel de mis rizos. No perdía de vista esa esfera blanca y negra que surcaba el cielo ante los ojos de ochenta mil espectadores. Luego dejé de verla por un instante que me pareció eterno. Porque es cierto que estoy loco, pero no soy tonto. Era consciente del riesgo que estaba tomando delante de toda aquella gente y de las cámaras. Pero el miedo no es malo en sí mismo, es el pánico lo que debemos controlar.

El sudor me empapaba la cabeza. Cerré los ojos, abrí los brazos como las alas de un pájaro y, entonces, un ruido sordo: BAM. Golpeé el balón con las suelas. El esférico volvió por donde vino y abandonó el área volando. Caí al suelo y me levanté inmediatamente. Me di cuenta de que el estadio entero se había puesto en pie gritando al unísono un simple y espontáneo «¡ooohhh!» de pura maravilla. Cuando recuperamos la pelota, caminé hacia el punto de penalti, levantando las manos a derecha y a izquierda para dar las gracias al público con la cara de quien acaba de hacer algo que repite cada día después del desayuno. No era exactamente así: lo había hecho en Wembley. Si existen los dioses del fútbol, lo habían preparado todo muy meticulosamente para que esa parada la hiciera allí, después de cuanto había pasado, y para que quedara en el corazón de todos los aficionados que aman este deporte.

El partido terminó 0-0, pero no creo que a nadie del público, en el estadio o en casa, le importase lo más mínimo el resultado. Solo a los grises burócratas de la FIFA.

¡Lo había hecho!

Índice

«El fútbol es la última representación sagrada
de nuestro tiempo. Es rito en el fondo,
y también es evasión».

Pier Paolo Pasolini